# RÉFLEXIONS

## D'UN CITOYEN

SUR LA RÉVISION

## DE L'ARTICLE 23 DE LA CHARTE DE 1830.

# RÉFLEXIONS

## D'UN CITOYEN

SUR LA RÉVISION

## DE L'ARTICLE 23 DE LA CHARTE DE 1830.

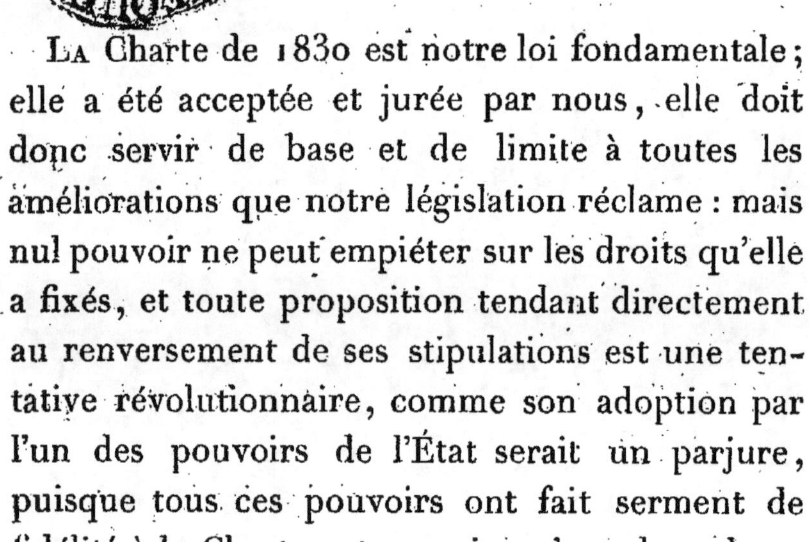

La Charte de 1830 est notre loi fondamentale ; elle a été acceptée et jurée par nous, elle doit donc servir de base et de limite à toutes les améliorations que notre législation réclame : mais nul pouvoir ne peut empiéter sur les droits qu'elle a fixés, et toute proposition tendant directement au renversement de ses stipulations est une tentative révolutionnaire, comme son adoption par l'un des pouvoirs de l'État serait un parjure, puisque tous ces pouvoirs ont fait serment de fidélité à la Charte, et que rien n'a pu les relever de ce serment.

Cependant l'article 68 de la Charte de 1830 dit que son article 23 sera soumis à un nouvel examen dans la session de 1831.

Ce droit d'examen comporte nécessairement

celui de révision ou de changement, car sans cette faculté la mesure serait dérisoire.

Or, cet article 23 porte :

*La nomination des Pairs appartient au Roi :*

*Leur nombre est illimité ; il peut en varier les dignités , les nommer à vie ou les rendre héréditaires selon sa volonté.*

Ainsi donc la session de 1831 est appelée à ratifier ou modifier ces dispositions : il y a donc à décider :

1° Si la nomination des Pairs appartiendra au Roi, ou, en cas de négative, comment elle aura lieu ;

2° Si le nombre des Pairs sera déterminé par la constitution, ou si, comme par le passé, il restera illimité ;

3° Si le titre de Pair comporte dans son essence des dignités variées ;

4° Enfin, si les Pairs seront à vie, et les pairies héréditaires.

Telles sont dans notre opinion les importantes questions à résoudre ; mais ce sont les seules sur ce qui concerne la pairie qui puissent être mises en délibération. Tout changement porté à la constitution de la pairie en dehors des stipulations de l'art. 23 serait une extension illégale de la faculté réservée par l'art. 68, et dès-lors une violation manifeste du pacte fondamental, qu'on ne peut attendre d'une chambre élue sous l'influence d'un serment de fidélité à cette même Charte.

Cependant le Moniteur du 6 août nous signale une proposition déposée par un Député pour modifier l'art. 23 de la Charte; et de la nouvelle rédaction, et surtout du texte de la loi d'exécution proposée à la suite, ressortirait, selon nous, une extension monstrueuse du sens de l'art. 68.

On propose de désigner désormais la Chambre des Pairs sous le titre de Sénat.

Nous ne voyons pas trop l'avantage de cette dénomination, qui ne présente à l'esprit que de fausses analogies, si on se reporte vers les temps anciens, et que des souvenirs peu favorables, si on se rattache aux temps modernes. Mais sans chercher le but qu'on a voulu atteindre, nous croyons qu'il n'y a pas lieu à admettre ce changement de protocole, car alors les articles 14, 15, 20, 21, 22, 24, 25, 26, 27, 28, 29, 46 et 47 se trouveraient nécessairement modifiés, et l'art. 68 n'a réservé la faculté d'examen et de révision que pour l'art. 23 exclusivement.

Mais la proposition semble, tant par son texte même que par le rapprochement qu'on en ferait de la loi d'exécution, présenter une in-

fraction bien autrement importante. Nous vou-
drions nous être trompés à ce sujet, car il nous
répugne de penser qu'un Député ait pu se croire
autorisé à outre-passer à ce point ses pouvoirs;
mais enfin il faut croire au sens le plus naturel
des paroles, et il faut y croire d'autant mieux
lorsqu'une réticence étrange vient dénoncer qu'on
a reculé soi-même devant l'expression précise et
sincère de sa pensée.

L'art. 68 en autorisant l'examen de l'art. 23 en
ce qui se rapporte à la nomination, au nombre,
à l'hérédité des Pairs, n'a nullement mis en doute
ni l'existence de la Chambre des Pairs, ni la
qualité aujourd'hui inhérente à ceux qui la com-
posent. Le premier alinéa même de cet article en
signalant les individus qui, d'après la nouvelle
Charte, devaient cesser d'être considérés comme
Pairs de France, a implicitement confirmé tous
ceux qui n'étaient point dans cette catégorie;
c'est même en vertu de cette confirmation que la
Chambre des Pairs a concouru aux actes légis-
latifs de la dernière session, notamment à cette
loi d'élections qui a créé la chambre actuelle.
On ne peut donc énoncer un doute sur des droits
aussi légalement assis; et si telle n'est point l'in-
tention de l'auteur de la proposition, comment se
trouve-t-elle, sans correctif, aussi explicitement in-

diquée dans la loi d'exécution dont le projet est consigné dans le Moniteur du 6 août?

En effet, l'art. 2 prescrit une nomination générale de Pairs tant par les électeurs des départements que par le Roi, et par les proportions indiquées il est clair que la composition serait entièrement renouvelée, et qu'ainsi, au mépris des droits acquis, au mépris de la confirmation exprimée dans le même article 68, qui seul fonde le droit d'examen ou d'intervention attribuée à la session de 1831, les Pairs actuels verraient leurs titres remis en question.

Cette mesure vraiment révolutionnaire, puisqu'elle est en opposition flagrante avec le pacte que nous avons juré de défendre, doit échouer devant la conscience de nos mandataires; et, au besoin, le Roi citoyen qui a dit que la Charte serait désormais une vérité, ne permettrait pas que l'on osât lui porter une aussi grave atteinte.

Ainsi convaincu du prompt rejet d'une proposition dont la minorité des bureaux seulement a autorisé la prise en considération, nous allons examiner quelles modifications constitutionnelles l'art. 23 peut réclamer.

Une question principale a surgi sur les stipulations de cet article : La pairie sera-t-elle héréditaire ?

En théorie, la controverse peut être longuement soutenue ; mais aujourd'hui que, las ou effrayés des théories, nous sommes enclins à ne considérer que les applications de principes à des situations définies, nous croyons que tout se réduit d'abord à admettre qu'en fait d'institutions constitutives, il n'y a pas de mieux absolu ; que ce qui serait parfait pour un peuple et pour un temps, peut être très-dangereux pour un autre peuple et pour un autre temps ; qu'enfin, pour être bonne et durable, une constitution doit être adaptée aux goûts, aux habitudes, même aux préjugés de la nation à laquelle on l'applique.

Ceci posé, nous supposerons que les Députés, qui ont dû s'enquérir des opinions dominantes dans les départements, aient reconnu que la haine des prérogatives de naissance a jeté une prévention funeste sur les priviléges politiques héréditaires, et que, soit raison, soit instinct, soit préjugé, l'hérédité de la pairie est repoussée par le vœu national. Dès-lors la conclusion devrait être, selon le principe établi ci-dessus, la proscription de l'hérédité ; mais, comme il ne nous appartient pas, quelle que soit notre conviction, de proclamer comme national un vœu qui n'a point eu d'émission légale et générale, nous en laisserons l'appréciation à la conscience des Députés, seuls aptes pour en connaître; nous nous contenterons de l'admettre comme hypothèse, et d'en déduire la conséquence que la pairie doit cesser d'être héréditaire.

Maintenant sera-t-elle à vie?

L'opinion qui a reconnu la nécessité de l'inamovibilité des juges comme garantie de leur indépendance, s'applique naturellement à la Chambre des Pairs comme tribunal de haute compétence; mais dans son rôle politique, plus encore que dans son rôle accidentellement judiciaire, la pairie a besoin d'indépendance. C'est à nos yeux un pouvoir pondérateur qui doit être essentiellement intéressé au maintien de l'ordre existant, afin qu'il puisse avec une égale ardeur s'opposer aux empiétements des deux autres pouvoirs contre le pacte fondamental, base immuable de nos libertés et unique garantie de nos droits.

Les Pairs seront donc à vie.

Le nombre en sera-t-il déterminé?

Si la Chambre des Députés viciée dans son essence cesse d'être l'expression de l'opinion publique, le Roi, sans attendre le renouvellement quinquennal, dissout cette Chambre et en appelle à une réélection, afin de connaître si réellement l'opinion publique désavoue les actes de la Chambre dissoute.

On a désiré conserver une ressource analogue vis-à-vis de la Chambre des Pairs, et pouvoir briser une majorité qui serait contraire aux besoins du moment.

Cette précaution nous paraît superflue et contraire au but de l'institution de la Chambre des Pairs, qui doit être essentiellement conservatrice. N'est-ce pas, en effet, paralyser d'avance ce pouvoir que de le soumettre à ces violentes introductions qui n'arrivent que pour anéantir sa résistance à des innovations perturbatrices? Sans doute la Chambre des Pairs doit suivre aussi l'impulsion générale et modifier ses idées et ses opinions, lorsque la nation elle-même tend réellement à changer les siennes; mais elle est appelée à modérer ce mouvement, à résister à un engouement factice, et à ne céder enfin que lorsque le temps, par son action lente mais assurée, a fait pénétrer la lumière dans tous les esprits. Soumise par la loi de nature à un renouvellement d'autant plus accéléré que le principe d'élection succédant à celui de l'hérédité et la notabilité devant précéder l'élection, les Pairs élus auront nécessairement atteint l'âge de la maturité, l'esprit du temps s'insinuera nécessairement dans son sein; elle ne sera pas probablement entraînée par les idées de la jeunesse du moment, mais elle sera infailliblement pénétrée des idées nées dans le quart de siècle qui aura précédé, et-est-ce trop de 25 ans de maturité pour des conceptions qui doivent régler les destinées des nations ?

Le nombre des Pairs serait donc déterminé, et chaque décès devrait donner lieu immédiatement à une promotion.

Le titre de Pair comporterait-il des dignités variées ?

La qualité de Pair peut s'allier comme celle de Député à des fonctions diverses; mais si ces fonctions donnent lieu à des dignités, elles sont en dehors de la pairie. En un mot, cette phrase ambiguë ne nous paraît insérée dans l'article que pour justifier cette diversité de bancs selon les titres qui ne fut sous le régime déchu qu'une vaine et futile démarcation à laquelle la nation ne prit aucun intérêt, parce qu'elle en reconnut tout d'abord l'absurdité.

En un mot, les Pairs sont Pairs, partant égaux.

Les Pairs étant en nombre fixe, nommés à vie et tous égaux, il ne reste plus qu'à régler comment ils seront renouvelés.

Il serait à désirer qu'on ne pût devenir Pair de France sans avoir acquis par des talents ou des services avérés une grande notabilité. Il faut donc que cette élection soit entourée de formalités solennelles qui servent de garanties. Il faut même qu'une candidature connue d'avance appelle l'attention publique, et laisse à l'opinion le temps de se former et de se prononcer sur les mérites du candidat, soit pour que si par quelque erreur ou quelque intrigue, un homme que l'opinion répudierait parvenait jusqu'à cette candidature, il fût du moins écarté de l'élection définitive par la lumière que la proclamation de son nom ferait rejaillir sur ses antécédents, soit afin que, signalés ainsi aux regards de leurs compatriotes, les candidats soient enflammés d'une noble émulation pour acquérir de nouveaux droits à la reconnaissance de leur pays et au choix qu'ils ambitionnent.

Il faut aussi que, tant pour la candidature que pour l'élection définitive, les trois pouvoirs qui constituent l'État concourent également, afin que la Chambre des Pairs étant par le fait ainsi renoúvelée par eux tous, on obtienne le plus de chances possibles pour la conservation de cette harmonie qui contribue si puissamment à la prospérité des peuples.

Ces réflexions nous ont conduit à imaginer la combinaison que nous allons décrire. Nous ne lui connaissons pas d'analogues, et c'est ce qui nous détermine à la publier. Pour appliquer heúreusement à son pays des institutions éprouvées dans d'autres, il faut joindre une grande instruction à une profonde sagacité; car il faut savoir apprécier les effets produits et en même temps les similitudes et les différences de situations. Mais le hasard peut suggérer au moins habile une invention heureuse, et ce ne fut pas un grand géomètre celui qui cassa la pointe de l'œuf pour le faire tenir en équilibre.

Le nombre des Pairs une fois complété suivant ce que prescrirait le nouvel article 23 de la Charte constitutionnelle , et les princes du sang étant, selon le vœu explicite de l'art. 26, maintenus en dehors de ce nombre, afin de pourvoir aux remplacements à opérer par suite des décès ,

Le Roi présenterait à la Chambre des Députés 3. candidats,

La Chambre des Députés présente-rait à la Chambre des Pairs....... 3 candidats,

La Chambre des Pairs présente-rait au Roi..................... 3. candidats.

Dès qu'il surviendrait une vacance légalement notifiée, la Chambre des Députés procéderait immédiatement si la session était ouverte, et aussitôt après s'être constituée après l'ouverture de la prochaine session , au choix d'un Pair de France sur la liste de candidats présentée par le Roi.

La Chambre des Pairs opérerait comme la Chambre des Députés sur les candidats qui lui auraient été présentés par cette Chambre, dans le cas d'une seconde vacance.

Le Roi élirait un Pair de France parmi les candidats qui lui auraient été présentés par la Chambre des Pairs, dans le cas d'une troisième vacance.

Et ainsi de suite pour toutes les vacances qui surviendraient.

Aussitôt que par l'élection d'un Pair de France une des listes de candidature se trouverait réduite à deux candidats, ou que par décès d'un ou plusieurs de ces candidats les listes se trouveraient incomplètes, le pouvoir qui les aurait formées les compléterait sans délai.

Si par suite des décès survenus il y avait lieu à nomination de plus d'un Pair par l'un des pouvoirs, il ne procéderait d'abord qu'à une seule élection, et attendrait pour les autres que la liste de candidature fût recomplétée par le pouvoir compétent.

Le choix des candidats pourrait s'étendre sur tous les Français âgés de 25 ans, et le même citoyen pourrait figurer également sur les trois listes de candidature.

Puisse une aussi belle, une aussi noble ovation

être méritée un jour! Ce serait une grande ré-
compense nationale, dont la combinaison que
nous proposons pourrait seule peut-être fournir
l'occasion.

Paris, 8 août 1831.

IMPRIMERIE DE FIRMIN DIDOT FRÈRES,
RUE JACOB, N° 24.